Impressum
Verlag: BABADADA GmbH, Nedderfeld 112 , 22529 Hamburg
Geschäftsführer / Verlagsleitung: Harald Hof
Druck: Books on Demand GmbH, In de Tarpen 42, 22848 Norderstedt

Imprint
Publisher: BABADADA GmbH, Nedderfeld 112 , 22529 Hamburg, Germany
Managing Director / Publishing direction: Harald Hof
Print: Books on Demand GmbH, In de Tarpen 42, 22848 Norderstedt

school
ليكول

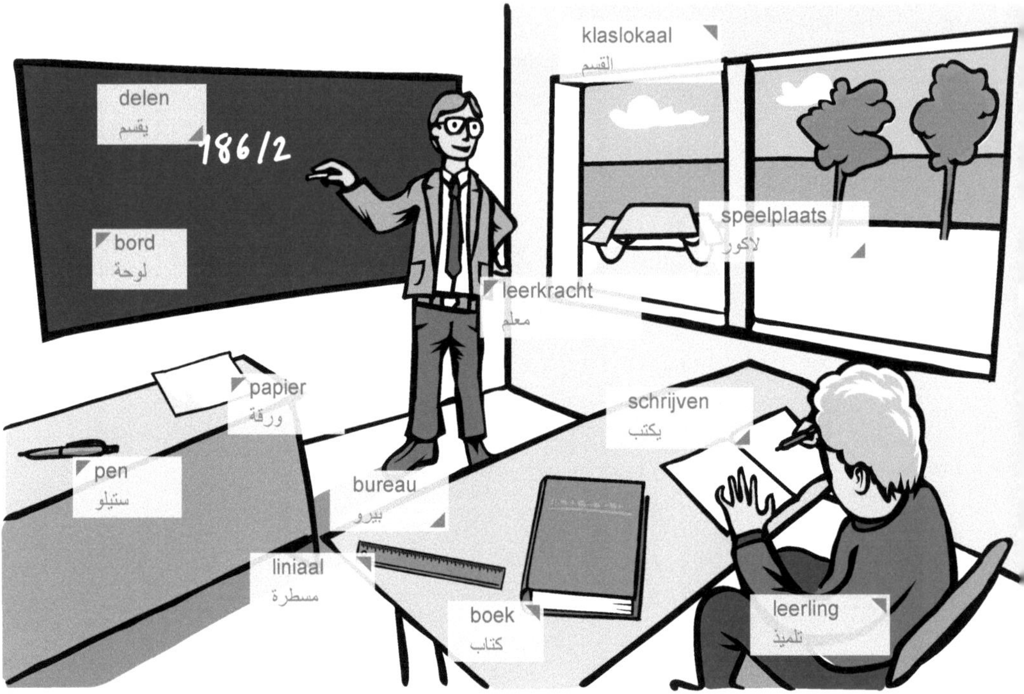
klaslokaal
القسم
delen
يقسم
186/2
speelplaats
لاكور
bord
لوحة
leerkracht
معلم
papier
ورقة
schrijven
يكتب
pen
ستيلو
bureau
بيرو
liniaal
مسطرة
boek
كتاب
leerling
تلميذ

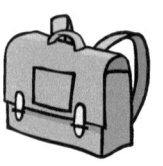

schooltas
....
كرطاب

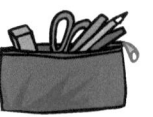

pennenzak
....
المقلمة

potlood
....
قلم الرصاص

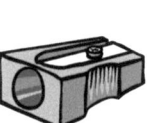

puntenslijper
....
منجارة

gom
....
ممحا

tekenblok
....
الكايي تاع الرسم

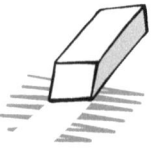

tekening

الرسم

verfborstel

البانسو

verfdoos

باتير

schaar

مقص

lijm

كولا

werkboek

كايي تاع التمارين

huiswerk

الواجبات

nummer

النيميرو

optellen

يجمع

aftrekken

يطرح

vermenigvuldigen

يضرب

rekenen

يحسب

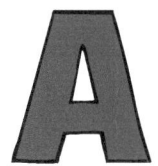

letter

الحرف

alfabet

الحروف

woord

كلمة

tekst

النص

Lezen

يقرا

krijt

طباشير

les

الدرس

klassenboek

دفتر المدرسي

examen

ليقزاما

certificaat

سرتفيكا

schooluniform

اللبة تاع ليكول

onderwijs

التعليم

encyclopedie

ليكسيك

universiteit

الجامعة

microscoop

المجهر

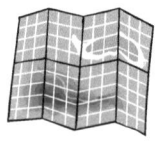

kaart

الخريطة

papiermand

بوبال

reis
فواياج

hotel
اوتال
Grand
jeugdherberg
بيت الشباب
ROOMS
wisselkantoor
بيرة تاع الصرف
EXCHANGE
koffer
فاليزة
auto
لولو

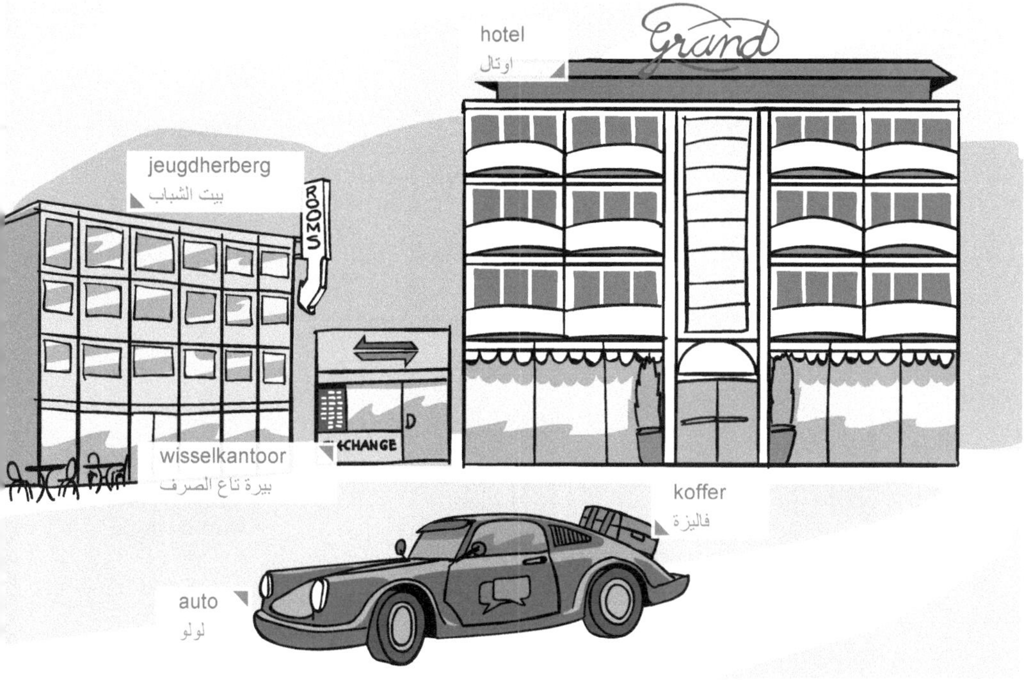

Taal
اللغة ليقصدها

ja / nee
واه / لا

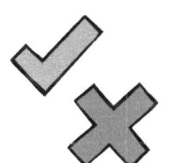

oké
صحا

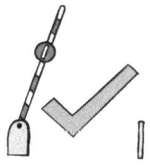

hallo
مرحبا

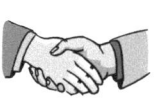

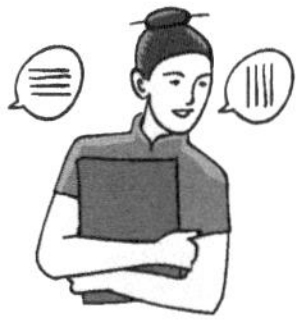

vertaler
طرجمان

bedankt
صحيت

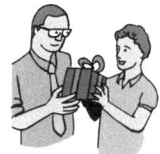

Hoeveel kost …?

شحال السومة؟

Ik begrijp het niet

مفهمتش

probleem

مشكيلة

Goedenavond!

مسلخير

Goedemorgen!

صباح لخير

Goedenavond!

تصبح بخير

Tot ziens

بسلامة

richting

ديركسيو

bagage

الباڤاج

zak

ساك

rugzak

ساكادو

gast

ضيف

kamer

شمبرا

slaapzak

ساك تاع رقاد

tent

خيمة

toeristeninformatie

استعلامات سياحية

strand

بحر

kredietkaart

كارطة ناع الكريدي

ontbijt

فطور الصباح

lunch

الفطور

avondeten

العشا

ticket

البيي

lift

أسونسير

postzegel

تامبر

grens

الحدود

douane

الديوانة

ambassade

سفارة

visum

فيزا

paspoort

باسبور

transport
نقل

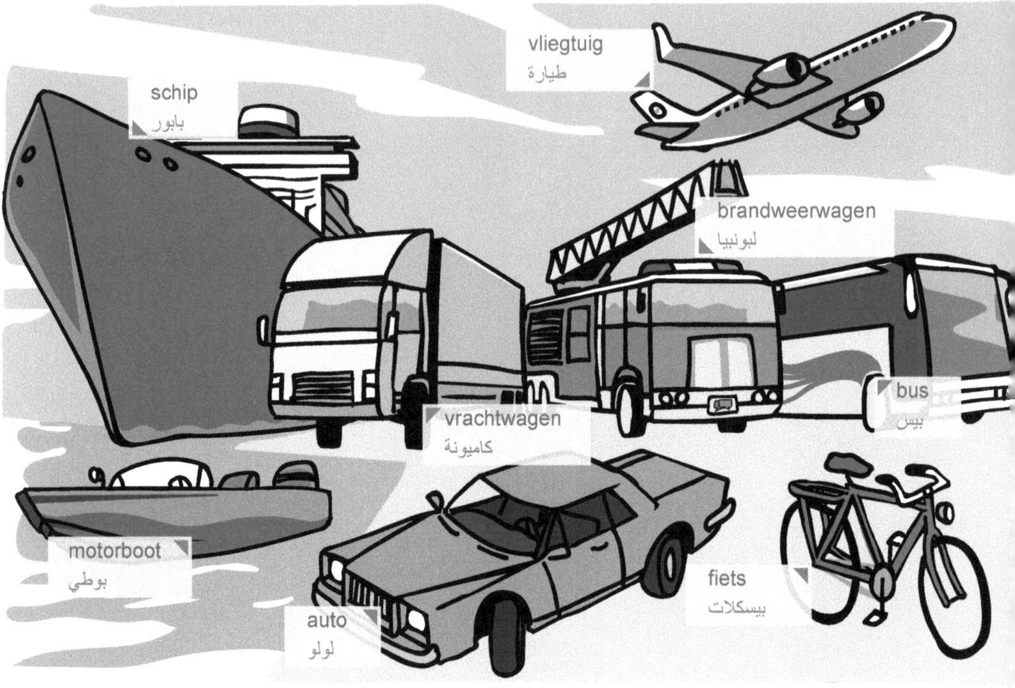
vliegtuig
طيارة
schip
بابور
brandweerwagen
لبونبيا
vrachtwagen
كاميونة
bus
بيس
motorboot
بوطي
fiets
بيسكلات
auto
لولو

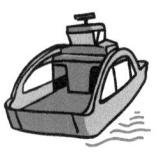

veerboot
....
بابو

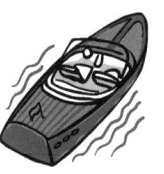

boot
....
بوطي

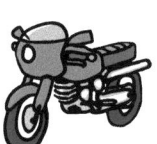

motor
....
موطو

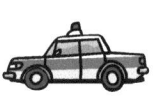

politiewagen
....
لوطو تاع لابوليس

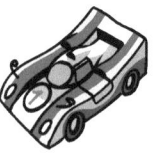

racewagen
....
لوطو تاع السيباق

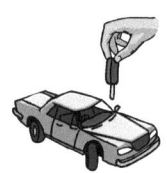

huurauto
....
لوطو تاع كرية

carpoolen

لواطا تاع كرية

sleepwagen

كرومور

vuilniswagen

كاميو تاع الزبل

motor

موتور

benzine

ليسونس

benzinestation

ستاسيون

verkeersbord

بانو

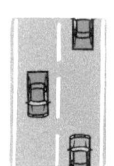

verkeer

ترافيك

file

سركالة

parkeerplaats

باركينغ

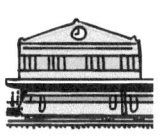

station

لاقار

sporen

السيكة

trein

قطار

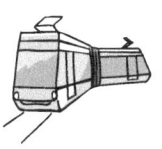

tram

ترام

wagon

فاغون

helikopter

اليكبتار

luchthaven

مطار

toren

تور

passagier

مسافر

container

كونتنار

karton

كرطونة

kar

شاريو

mand

سلة

opstijgen / landen

يقلع / يهود

stad

مان

dorp

قرية

stadscentrum

البلاد

huis

دار

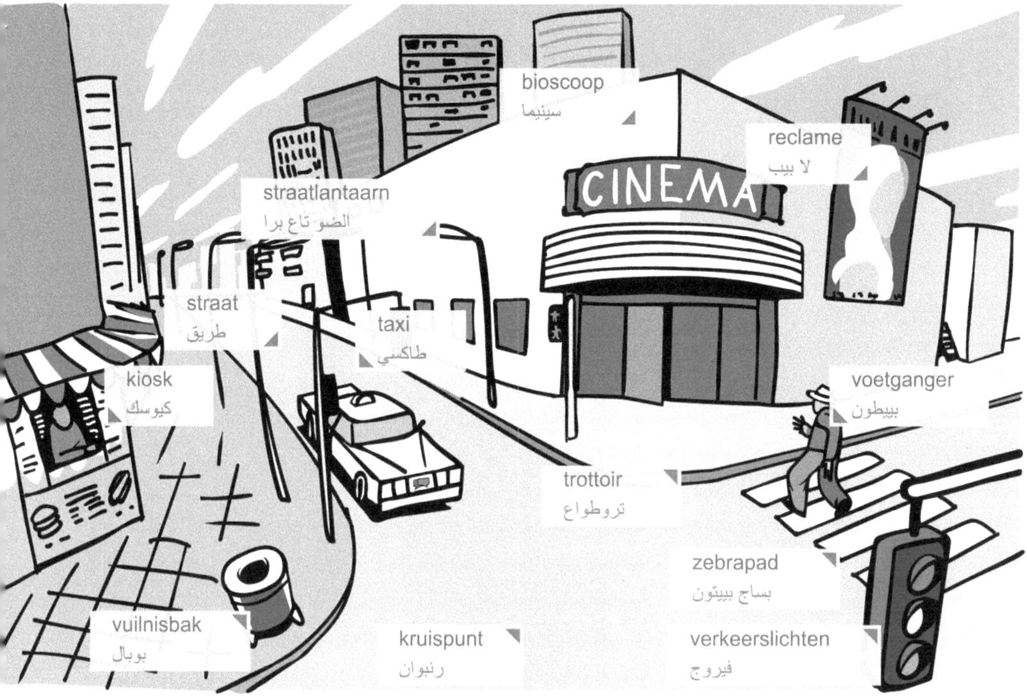

bioscoop
سينيما
CINEMA
reclame
لا بيب
straatlantaarn
الضو تاع برا
straat
طريق
taxi
طاكسي
kiosk
كيوسك
voetganger
بييطون
trottoir
تروطواع
zebrapad
بساج بييتون
vuilnisbak
بوبال
kruispunt
رنبوان
verkeerslichten
فيروج

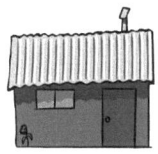

hut

كوخ

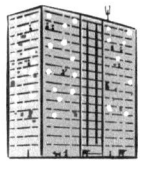

woning

برطمان

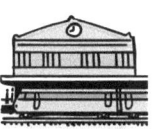

station

لاقار

stadshuis

لاميري

MUSEUM

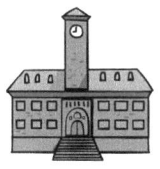

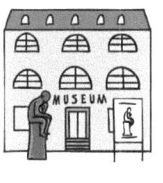

museum

متحف

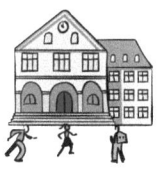

school

ليكول

universiteit

الجامعة

bank

بانكة

ziekenhuis

سبيطار

hotel

اوتال

apotheek

فارماسي

kantoor

بيرو

boekwinkel

مكتبة

winkel

حانوت

bloemenwinkel

فلوريست

supermarkt

سوبرات

markt

مرشي

warenhuis

حانوت كبير

vishandelaar

مسمكة

winkelcentrum

سونتر كومرسيال

haven

المينا

park

بارك

bank

بنك

brug

جسر

trap

درج

metro

ميترو

tunnel

تونال

bushalte

لاري تاع البيس

bar

بار

restaurant

مطعم

brievenbus

صندوق البريد

straatnaambord

البانوات

parkeermeter

مقياس زمن الوقوف

zoo

حديقة حيوانات

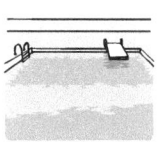

zwembad

بيسين

moskee

جامع

boerderij

فيرما

milieuverontreiniging

التلوث

kerkhof

مقبرة

kerk

قليزية

speelplaats

بارك

tempel

معبد

landschap

الريف

blad
ورقة

wegwijzer
بانو

weg
طريق

weide
مرج

steen
حجرة

boom
شجرة

wandelaar
رحالة

rivier
نهر

gras
حشيش

bloem
زهرة

vallei

واد

heuvel

جبل

meer

بحيرة

bos

غابة

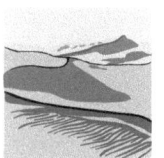

woestijn

صحرا ا

vulkaan

بركان

kasteel

شاطو

regenboog

قوس قزح

paddenstoel

فطر

palmboom

نخلة

mug

ناموسة

vlieg

ذبابة

mier

نملة

bijl

نحلة

spin

رتيلة

kever

خنفوس

kikker

جرانة

eekhoorn

سنجاب

egel

قنفذ

haas

قنيلة

uil

بومة

vogel

زاوش

zwaan

بجعة

wild zwijn

حلوف

hert

عزالة

eland

إلكة

dam

سد

windturbine

الطاحونة

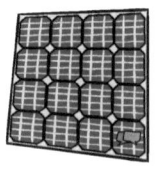

zonnepaneel

خلية شمسية

klimaat

كليما

restaurant
مطعم

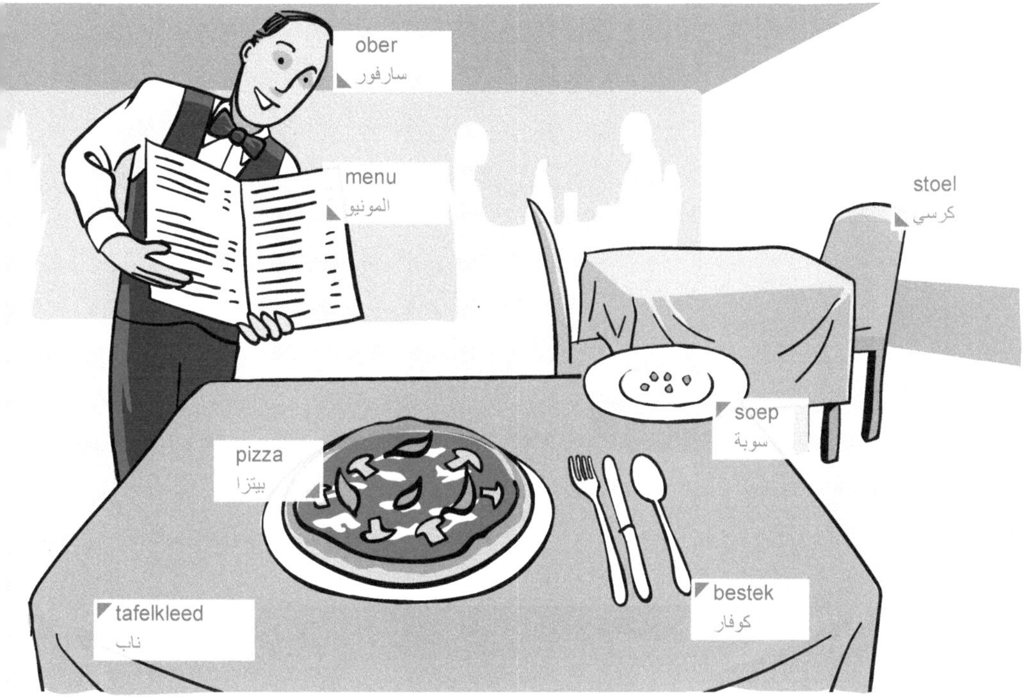

ober
سارفور
menu
المونيو
stoel
كرسي
soep
سوبة
pizza
بيتزا
bestek
كوفار
tafelkleed
ناب

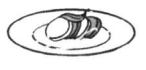

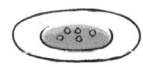

voorgerecht

اوردوفر

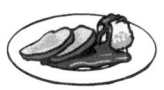

hoofdgerecht

الطبق الرئيسي

nagerecht

ديسار

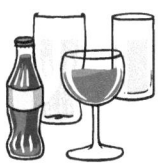

drankjes

مشروبات

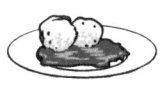

eten

ماكلة

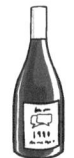

fles

القرعة

fastfood

فاست فود

street food

ماكلة نديه معابا

theepot

براد اتاي

suikerpot

سكرية

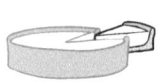

portie

طرف

espressomachine

ماشينة تاع اكسبريسو

kinderstoel

كرسي عالي

rekening

فاتورة

dienblad

سني

mes

خدمي

vork

فرشيطة

lepel

مغيرفة

theelepel

مغيرفة تاع لاتاي

serviette

سربيتة تاع الطابلة

glas

كاس

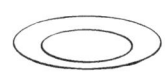

bord

طبسي

soepbord

بول

schoteltje

طبسي تاع الفنجال

saus

لاصوص

zoutvatje

القوطي تاع الملح

pepermolen

طحان تاع الحرور

azijn

خل

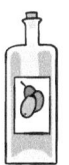

olie

زيت

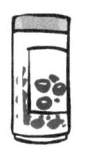

kruiden

ليزبيس

ketchup

كتشوب

mosterd

موطارد

mayonaise

مايونيز

supermarkt

سوبرات

aanbieding
بروموسيو
FOR
klant
كلويون
zuivelproducten
مشتقات الحليب
fruit
فاكية
winkelwagen
شاريو

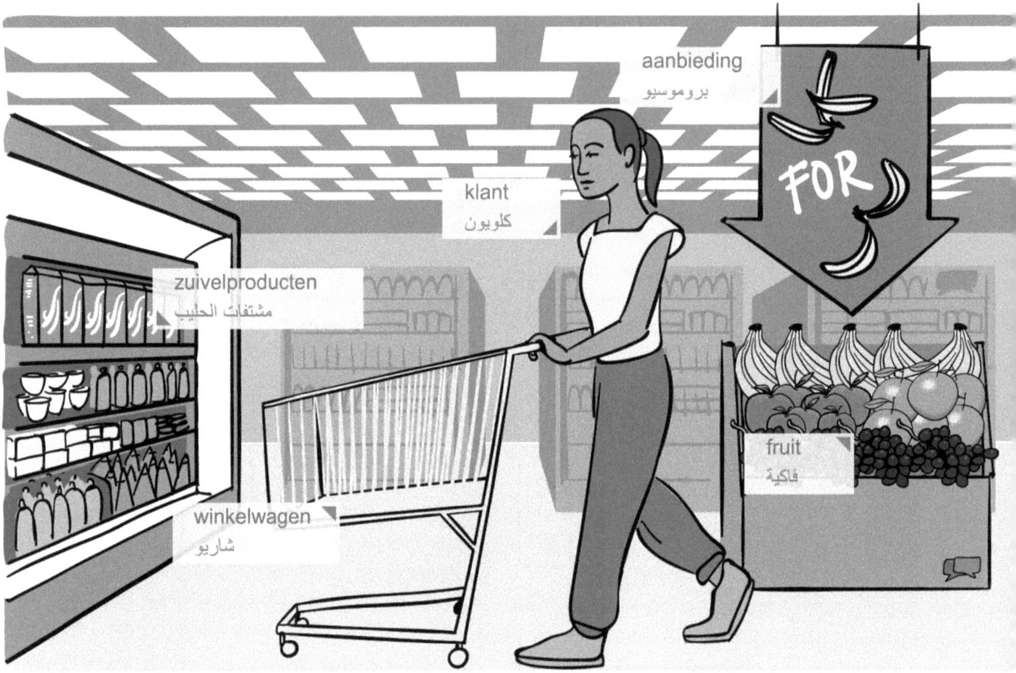

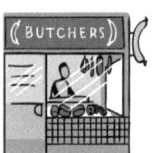

BUTCHERS

slagerij

بوشي

BAKERY

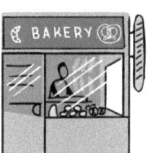

bakkerij

بولونجي

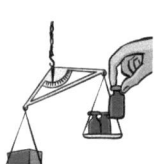

wegen

يوزن

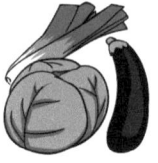

groenten

خضار

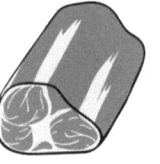

vlees

لحم

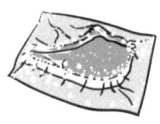

diepvriesvoedsel

سيرجولي

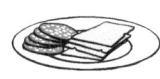

charcuterie

كاشير

conserven

كونسارف

waspoeder

الاومو تاع لغسيل

snoep

الحلويات

huishoudproducten

صوالح الدار

schoonmaakproducten

ديتارجو

verkoopster

فوندوز / خدامة فالحانوت

kassa

لاكاس

kassier

كاسيي

boodschappenlijstje

ليستا تاع الشري

openingstijden

سوايع الخدمة

portefeuille

نزداتو

kredietkaart

كارطة تاع الكريدي

tas

ساك

plastieken zakje

بورصة

water

الماء

sap

جو

melk

حليب

cola

كوكا

wijn

الشراب

bier

البيرة

alcohol

شراب

cacao

كاكاو

thee

لاتاي

koffie

قهوة

espresso

اكسبريسو

cappuccino

كابوتشينو

banaan

بانانة

appel

تفاح

sinaasappel

تشينا

meloen

بطيخ

citroen

ليم

wortel

كروطة / زرودية

knoflook

ثوم

bamboe

بانبو

ajuin

بصل

champignon

شانبينيو

noten

بندق

noodles

لبيات

spaghetti

سباقيتي

rijst

روز

salade

سلاطة

frieten

ليفريت

gebakken aardappelen

ليفريت

pizza

بيتزا

hamburger

هانبورقر

sandwich

سنتويش

kalfslapje

اسكالوب

ham

لحم الحلوف

salami

سامي

worst

مرقاز

kip

جاجة

braden

لحم مشوي

vis

حوت

havervlokken

شوفان

muesli

موسلي

cornflakes

كورن فلكس

bloem

فرينة

croissant

كرواسون

pistolet

خبيزة

brood

الخبز / كسرة

toast

خبز محمر

koekjes

بيسكوي

boter

زبدة

kwark

لبن

taart

قاطو

ei

بيض

spiegelei

بيض مقلي

kaas

فرماج

ijs

لاكرام

suiker

سكر

honing

عسل

confituur

كونفتير

choco

نوقا

curry

الكاري

boerderij
فيرما

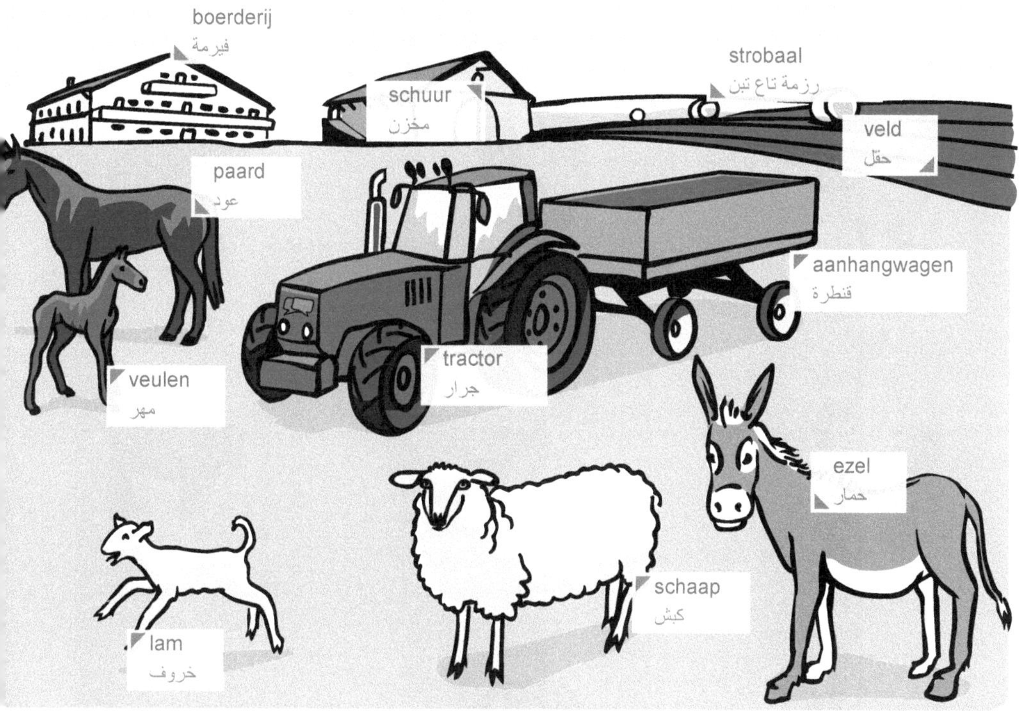

boerderij
فيرمة
strobaal
رزمة تاع تبن
schuur
مخزن
veld
حقل
paard
عود
aanhangwagen
قنطرة
tractor
جرار
veulen
مهر
ezel
حمار
schaap
كبش
lam
خروف

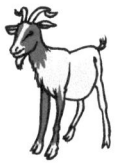

geit
معزة

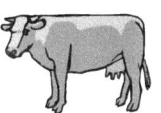

koe
بقرة

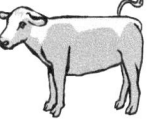

kalf
عجل

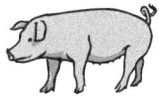

varken
حلوف

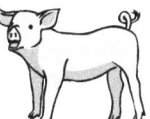

biggetje
حلوف صغير

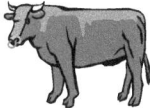

stier
طورو

gans

وزة

eend

بطة

kuiken

فلوس

kip

جاجة

haan

ديك رومي

rat

جرذ

kat

قطة

muis

فأر

os

ثور

hond

كلب

hondenhok

دار الكلب

tuinslang

خرطوم

gieter

إبريق

zeis

منجل

ploeg

محراث

sikkel

منجل

schoffel

الفاس

hooivork

مذراة الزبل

bijl

شاقور

kruiwagen

بروبطة

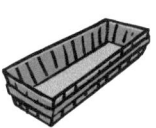

trog

معلف

melkkan

قابة تاع حليب

zak

ساشيا

hek

سياج

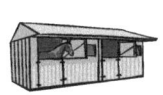

stal

صطبل

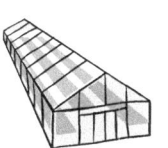

broeikas

بوطاجي

bodem

تراب

zaad

بذور

mest

سماد

maaidorser

حصادة

oogsten

يحصد

oogst

الغلة

yam

بطاط

tarwe

قمح

soja

صويا

aardappel

بطاطا

maïs

مابيس

koolzaad

سلجم

fruitboom

شجرة تاع فاكية

maniok

منيهوت

graan

الحبوب

huis

دار

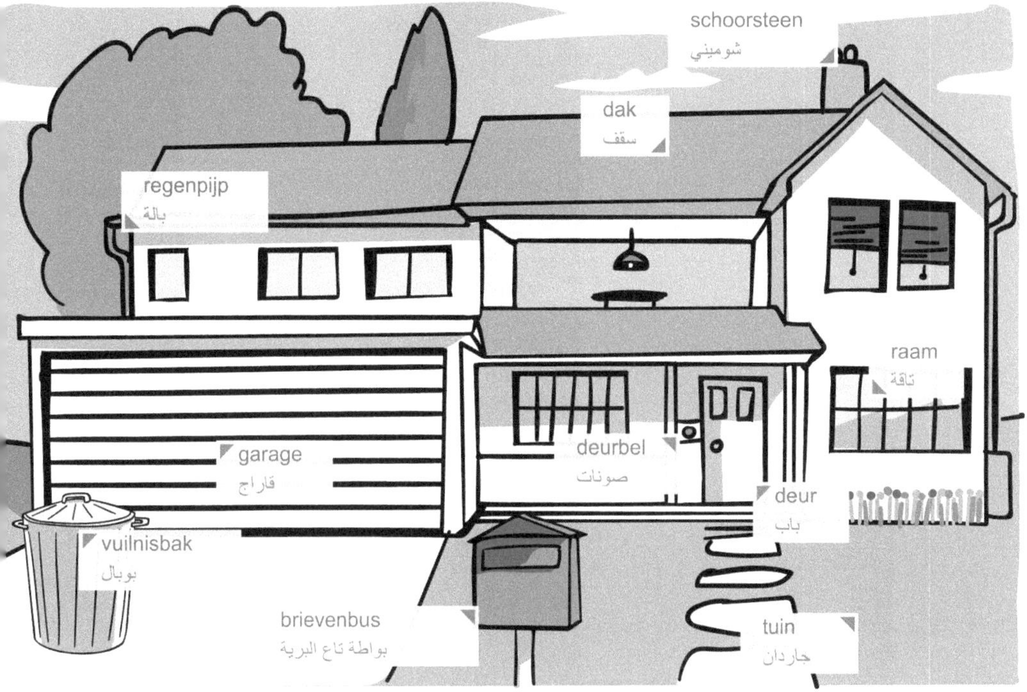
schoorsteen
شوميني
dak
سقف
regenpijp
بالة
raam
تاقة
garage
قاراج
deurbel
صونات
deur
باب
vuilnisbak
بوبال
brievenbus
بواطة تاع البرية
tuin
جاردان

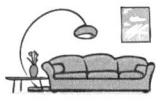

woonkamer

صالون

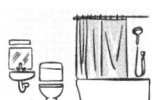

badkamer

الحمام

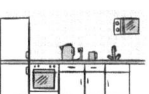

keuken

كوزينا

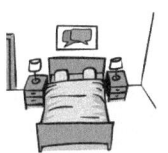

slaapkamer

شامبرا تاع رقاد

kinderkamer

شمبرا تاع ذراري

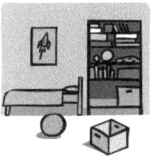

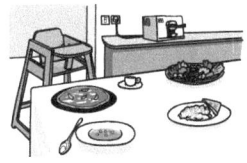

eetkamer

صالة مونجي

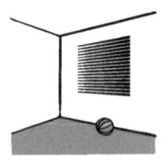

vloer

لرض

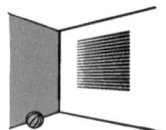

muur

حيط

plafond

بلافو

kelder

كافا

sauna

سونا

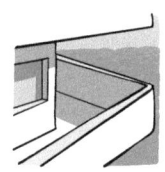

balkon

بالكون

terras

تيراسة

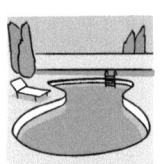

zwembad

بيسين

grasmaaier

حزارة تاع حشيش

dekbedovertrek

ااووس

dekbed

كووات

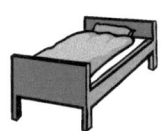

bed

ناموسية

bezem

مصلحة

emmer

بيدو تاع صليح

schakelaar

انتغيتور

woonkamer

صالون

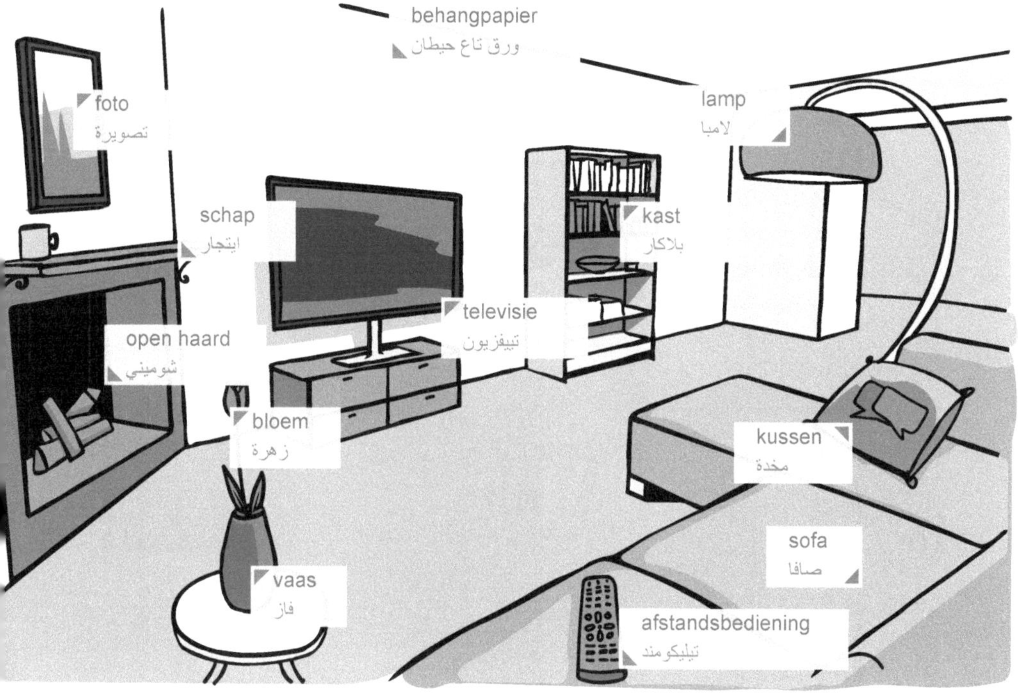

behangpapier
ورق تاع حيطان
foto
تصويرة
lamp
لامبا
schap
ايتجار
kast
بلاكار
televisie
تيليفزيون
open haard
شوميني
bloem
زهرة
kussen
مخدة
sofa
صافا
vaas
فاز
afstandsbediening
تيليكومند

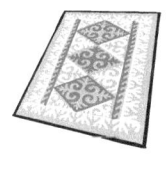

mat
طابي

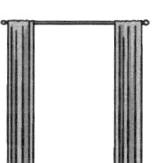

gordijn
ريدو

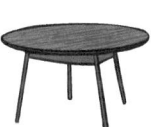

tafel
طابلة

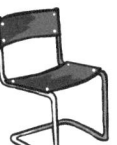

stoel
كرسي

schommelstoel
كرسي بيوجي

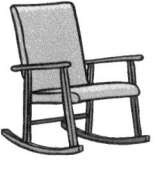

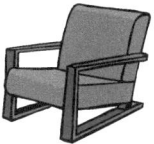

fauteuil
فوتاي

boek

كتاب

deken

طوفيرطة

decoratie

زواق

brandhout

الحطب

film

فيلم

stereo-installatie

الستيريو

sleutel

مفتاح

krant

جرنان

schilderij

كادر

poster

بوستار

radio

راديو

notitieboekje

كناش

stofzuiger

أسبيراتور

cactus

صبار

kaars

شمعة

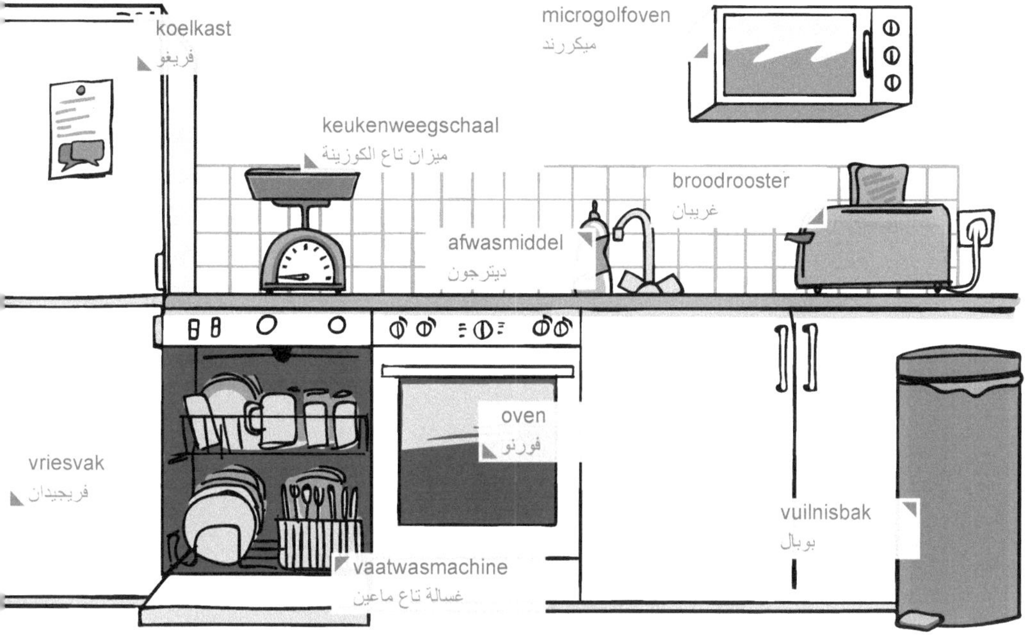

koelkast
فريغو

microgolfoven
ميكرردند

keukenweegschaal
ميزان تاع الكوزينة

broodrooster
غريبان

afwasmiddel
ديترجون

oven
فورنو

vriesvak
فريجيدان

vuilnisbak
بوبال

vaatwasmachine
غسالة تاع ماعين

fornuis

الفور

pot

قدرة

gietijzeren pot

مرميطا

wok / kadai

طاوة غامقة

pan

مقلة

waterkoker

غلاية

stoomkoker

قدرة

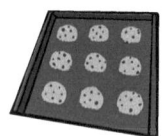

bakplaat

صيني

servies

ماعين

mok

قوبلي

kom

طبيسي

eetstokjes

مطارق تاع الماكلة

pollepel

لوشة

spatel

سباتولة

garde

الضرابة

vergiet

كسكاس

zeef

صفاية

rasp

راب

mortier

مهراز

barbecue

شواية

haardvuur

موقد

snijplank

بلونشا

deegrol

رولو

kurkentrekker

الحلال

blik

قايسة

blikopener

الحلال

pannenlap

كنان

gootsteen

لافايو

borstel

بروسة

spons

بونجة

blender

الحلاط

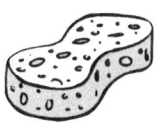

vriezer

فريغو

papfles

بيبرونة

kraan

سبالة

badkamer

الحمام

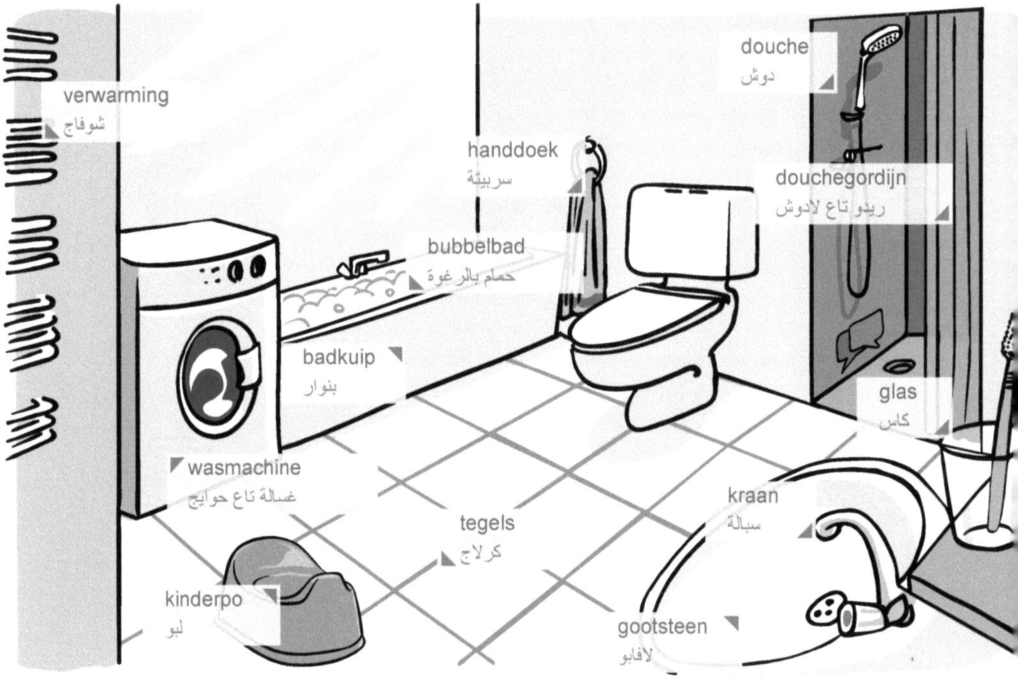

verwarming
شوفاج
handdoek
سربيتة
douche
دوش
douchegordijn
ريدو تاع لادوش
bubbelbad
حمام بالرغوة
badkuip
بنوار
glas
كاس
wasmachine
غسالة تاع حوايج
kraan
سبالة
tegels
كرلاج
kinderpo
لبو
gootsteen
لافابو

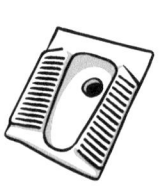

toilet
....
توالات

hurktoilet
....
توالات تركي

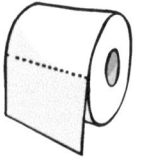

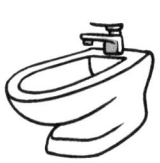

bidet
....
غسال الرجلين

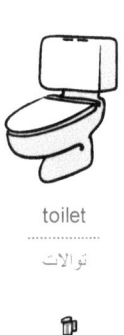

urinoir
....
مبولة

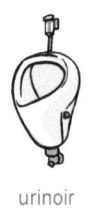

toiletpapier
....
ورق تاع توالات

toiletborstel
....
بروسة تاع توالات

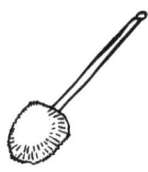

tandenborstel

بروسنون

tandpasta

دونتفريس

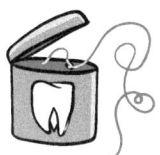

flosdraad

خيط السنان

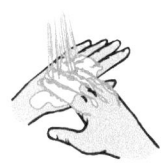

wassen

يغسل

handdouche

دوشات تاع دوش

bidethanddouche

دوشات

waskom

لافابو

rugborstel

بروسا تاع الظهر

zeep

صابون

douchegel

جال دوش

shampoo

شنبوان

washandje

الحيل

afvoer

قادوس

crème

بومادة

deodorant

ديودورون

spiegel

مراية

handspiegel

مراة صغيرة

scheermes

رازوار

scheerschuim

لاموس

aftershave

كولون

kam

مشطة

borstel

بروسة

haardroger

سشوار

haarlak

مثبت الشعر

make-up

مكياج

lippenstift

روجالافر

nagellak

فرني

watten

قطن

nagelknipper

كوبنغل

parfum

ريحة

toilettas

تروسة تاع حمام

kruk

طابوري

weegschaal

ميزان

badjas

بينوار

latex handschoenen

ليغونات تاع النيتوباياج

tampon

تمبون

maandverband

ليبوند

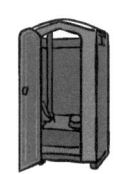

chemisch toilet

توالات

kinderkamer
شمبرا تاع ذراري

wekker
ريفاي
knuffel
نونورس
speelgoedauto
لوطو جوي
rammelaar
الخشخاش
poppenhuis
دار تاع بوبيات
geschenk
كادو

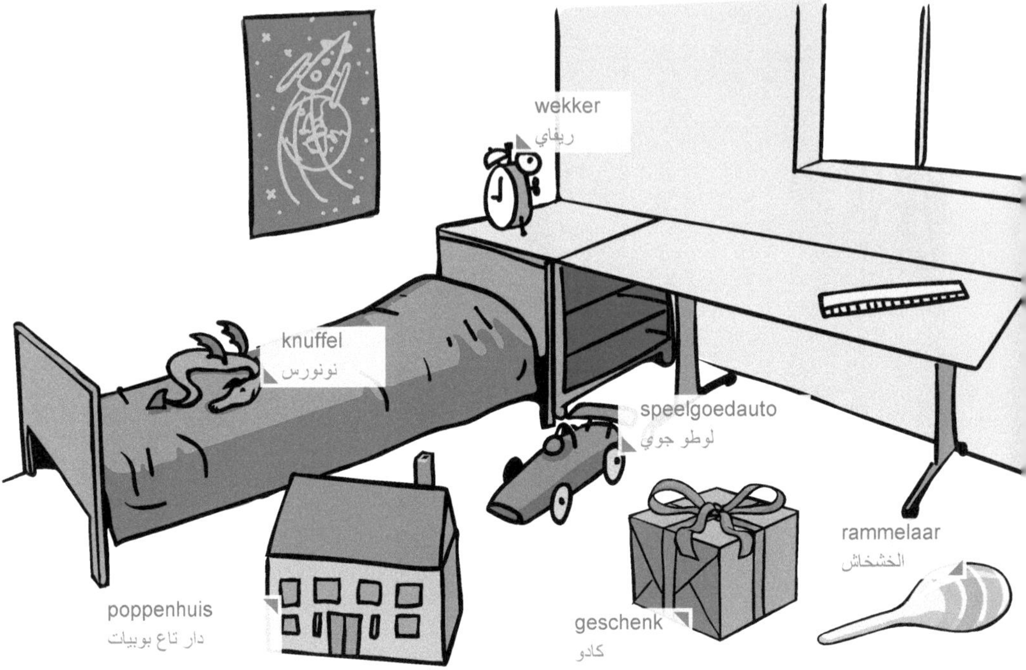

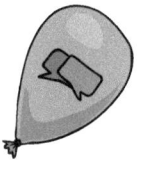

ballon

بالونة / نسافة

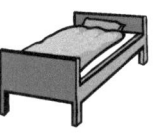

bed

ناموسية

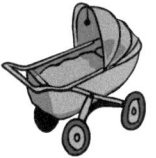

kinderwagen

بوسات

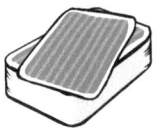

spel kaarten

الكارطة

puzzel

البوزيل

SUPER
MEGA

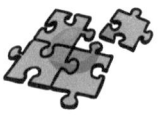

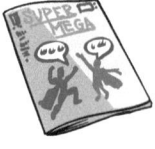

stripboek

بوند ديسيني

legoblokjes

الليغو

blokken

حجر يبنوه

actiefiguur

بوبية

kruippakje

لبسة تاع البيبي

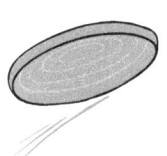

frisbee

فريزي

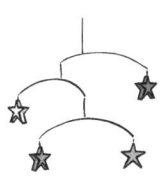

mobiel

اللهاية

bordspel

لعبة الطابلة

dobbelsteen

الدي

modelspoorweg

التران

fopspeen

سوسات

feest

حفلة / الفيشطة

prentenboek

كتاب بتصاوير

bal

بالون

pop

بوبية

spelen

يلعب

zandbak

بارك بالرملة

schommel

بنصوار

speelgoed

جوي

spelconsole

منيطا

driewieler

بيسكلات

knuffelbeer

دبدوب

kleerkast

ماريو

kleding

حوايج

sokken

تقاشر

kousen

ليبا

maillot

كولو

sjaal
شال

paraplu
بريلوي

T-shirt
تريكو

riem
حزام

laarzen
بوط

slippers
فلافنتوبن

sneakers
تينيسا / سبردينا

sandalen
....
صندالة

schoenen
....
صباط

rubberlaarzen
....
بوط بلاستيك

onderbroek
....
كالسون

beha
....
سوتيان

onderhemd
....
داخل ناع حويج

lichaam

لاسق على الجسم

broek

سروال

jeans

جين

rok

جيبا

blouse

طابلية

hemd

قمجة

trui

تريكو

capuchontrui

قارديقون

blazer

بلازار

jas

فيستا

jas

بالطو

regenjas

بالطو

kostuum

كوستّيم

jurk

روبا

trouwjurk

روب بلونش

pak

كوستيم

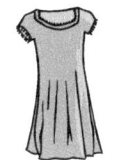

nachthemd

ثوميز دونوي

pyjama

بيجاما

sari

ساري

hoofddoek

حجاب

tulband

عمامة

boerka

برقع

kaftan

قفطان

abaya

عباية

badpak

مايو

zwembroek

سروال تاع عوم

short

شورت

trainingspak

لبسة تاع سبور

schort

طابلية

handschoenen

ليڤوانات

knoop

قفلة

bril

نواظر

armband

براسلي

ketting

سنسلة

ring

خاتم

oorbel

منقوش

pet

بوني

kapstok

سانتر

hoed

شابو

das

قرافاطة

rits

غيمة

helm

كاسك

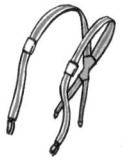

bretellen

بروتال

schooluniform

اللبة تاع ليبكول

uniform

لينيفورم

slabbetje

ريلاقة

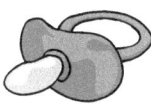

fopspeen

سوسات

luier

ليكوش

kantoor

بيرو

server
سارفر

dossierkast
خزانة تاع الملفات

monitor
ليكرون

printer
اميريمانت

papier
ورقة

muis
لاسوري

bureau
بيرو

map
كلاسور

toestenbord
كلافيي

papiermand
بويال

stoel
كرسي

computer
اورديناتور

koffiemok

كاس قهوة

rekenmachine

كاكولاتريس

internet

لانترنت

laptop

اوردیناتور

brief

بریة

bericht

میساج

gsm

بورطابل

netwerk

ریزو

kopieerapparaat

فوطوكوبي

software

لوجسیال

telefoon

تیلفون

stopcontact

بریزة

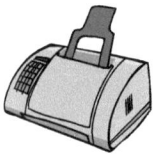

fax

فاكس

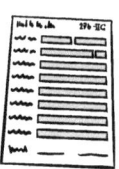

formulier

استمارة

document

وثیقة

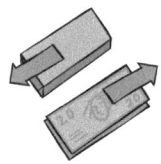

kopen

يشتري

betalen

يخلص

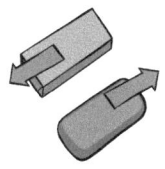

handelen

يتاجر

geld

دراهم

dollar

دولار

euro

أورو

yen

ين

roebel

روبل

Zwitserse frank

فرنك سويسري

Chinese renminbi

يوان

roepie

روبية

geldautomaat

ديستريبيتور

wisselkantoor

بيرة تاع الصرف

goud

ذهب

zilver

فضة

olie

نفط

energie

طاقة

prijs

السومة

contract

عقد

belasting

طاكس

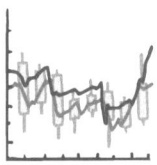

aandeel

سهم

werken

يخدم

werknemer

خدام

werkgever

مول الشي

fabriek

وزين

winkel

حانوت

beroepen
الخدمة

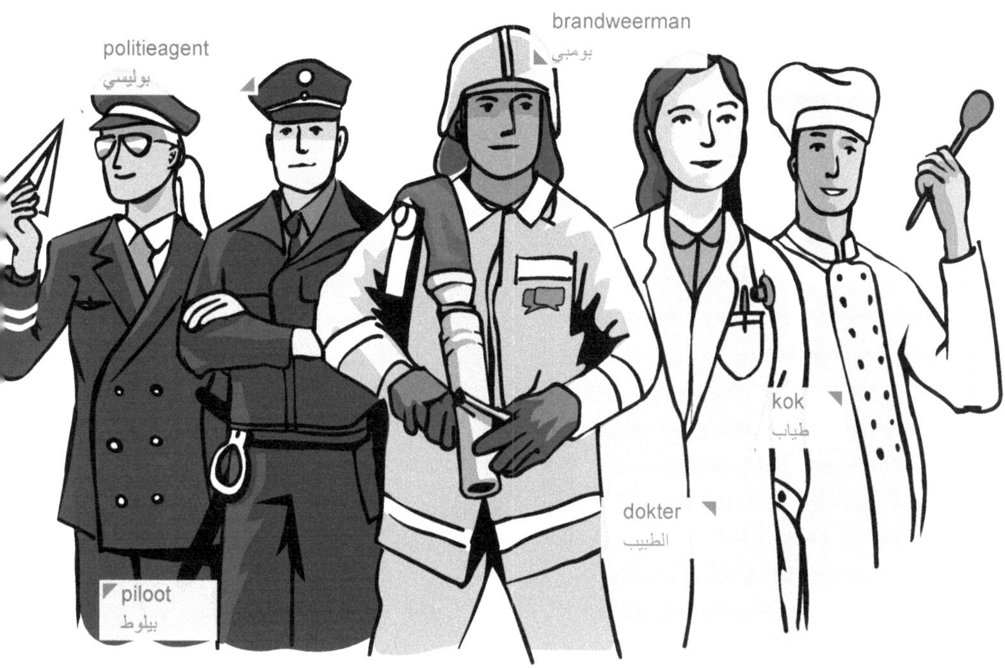

brandweerman
بومبي
politieagent
بوليسي
kok
طياب
dokter
الطبيب
piloot
بيلوط

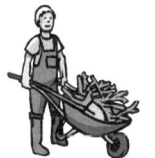

tuinman

جرديني

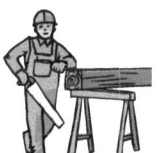

timmerman

نجار

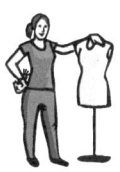

naaister

خياط

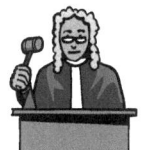

rechter

قاضي

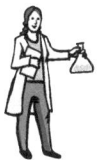

chemicus

شيميك

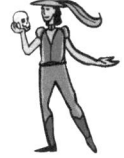

acteur

ممثل

buschauffeur

شوفير

taxichauffeur

طاكسيور

visser

صياد

schoonmaakster

خدامة

dakdekker

ماصو تاع الصقف

ober

سارفور

jager

صياد

schilder

بنتار

bakker

خباز

elektricien

الكتريسيان

bouwvakker

ماصون

ingenieur

مهندس

slager

بوشي

loodgieter

بلومبي

postbode

فاكتور

soldaat

جندي

architect

ارشيتكت

kassier

كاسسي

bloemist

بياع اورد

kapper

كوافير

conducteur

الكنترول

mecanicien

ميكانيسيان

kapitein

كابيتان

tandarts

طبيب سنان

wetenschapper

عالم

rabbijn

حاخام

imam

امام

monnik

موان

geestelijke

موان

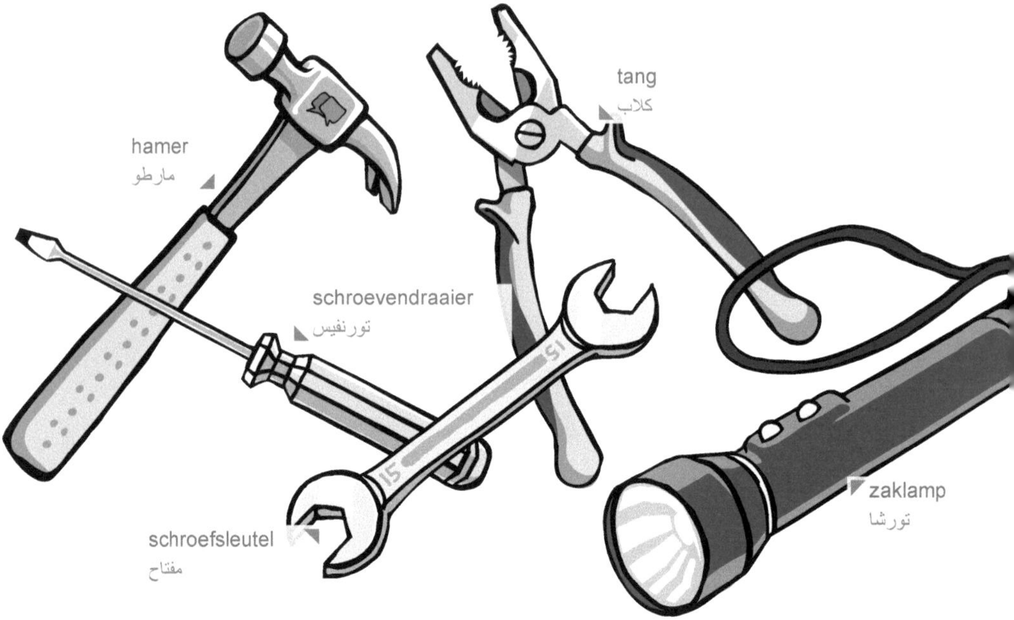

hamer
مارطو

tang
كلاب

schroevendraaier
تورنفيس

schroefsleutel
مفتاح

zaklamp
تورشا

graafmachine

جرافة

gereedschapskoffer

قايصة نتاع ليزوتي

ladder

سلوم

zaag

منشار

spijkers

مسامير

boormachine

برسوز

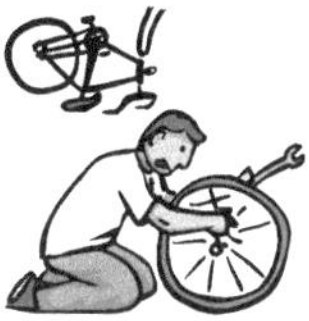

repareren

يصنع

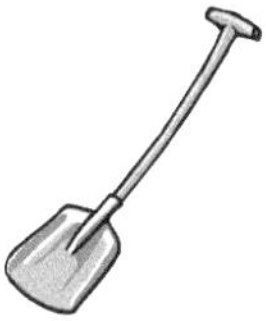

schop

البالة

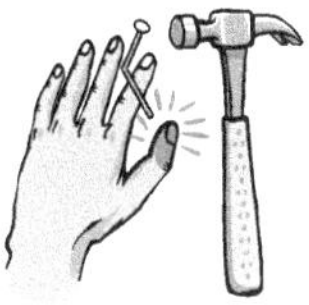

Verdomme!

ياويلي

blik

بالا

verfpot

بو تاع بنتورة

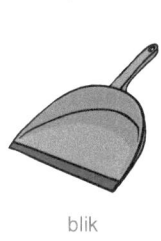

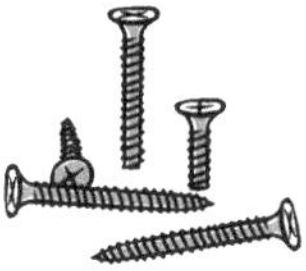

schroeven

ليفيس

muziekinstrumenten

آلات موسيقية

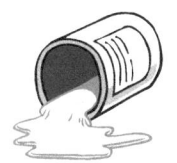

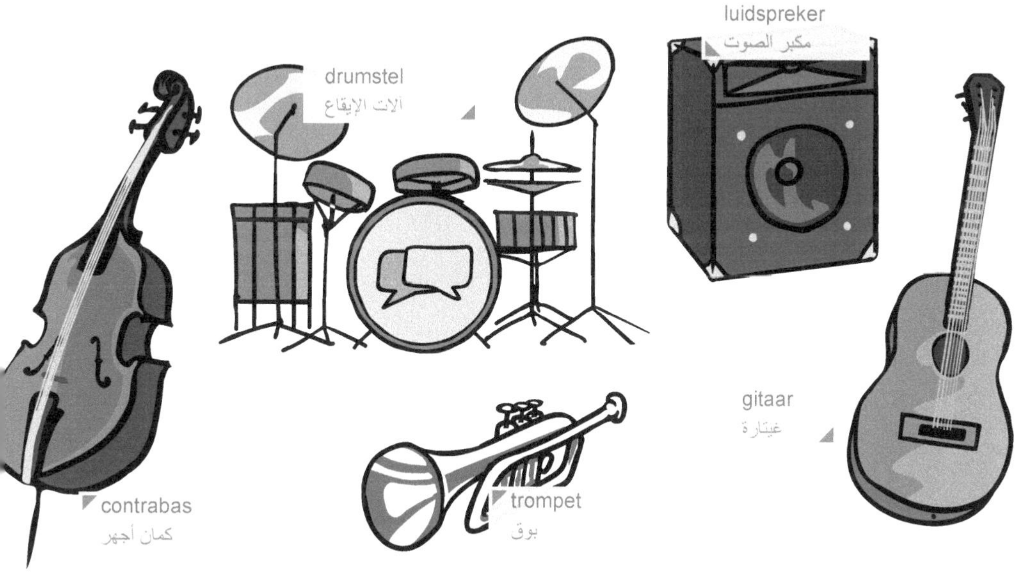
luidspreker
مكبر الصوت
drumstel
آلات الإيقاع
gitaar
غيتارة
contrabas
كمان أجهر
trompet
بوق

piano

بيانو

viool

كمنجة

basgitaar

جيتار

pauk

طبل كبير

trommels

طبل

keyboard

بيانو كهربائي

saxofoon

ساكسوفون

fluit

ناي

microfoon

ميكروفون

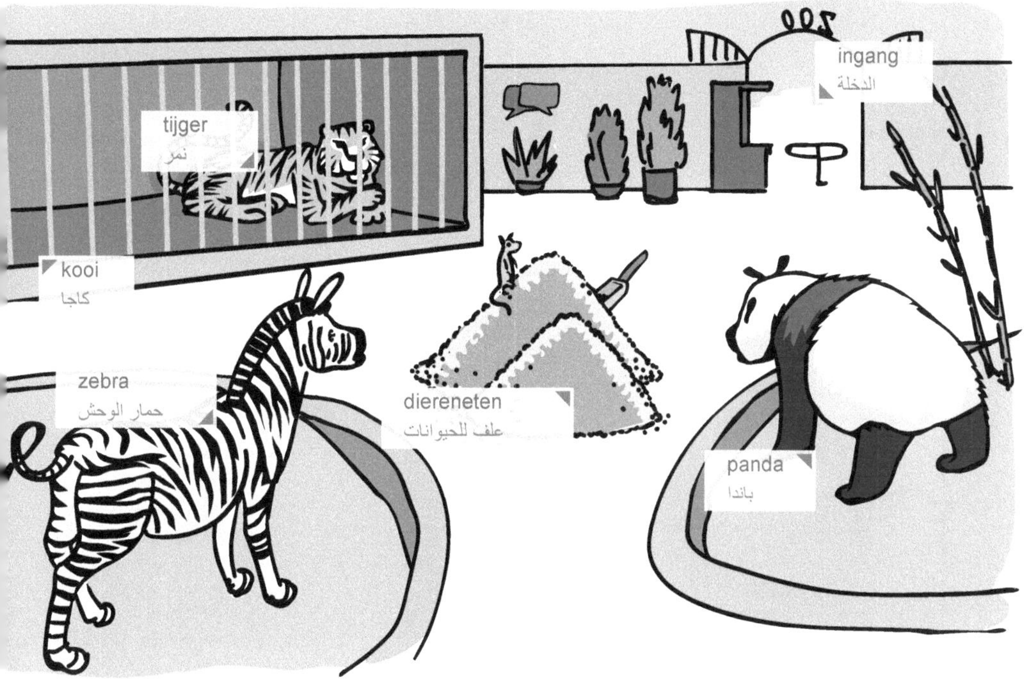

tijger
نمر

ingang
الدخلة

kooi
كاجا

zebra
حمار الوحش

diereneten
علف للحيوانات

panda
باندا

dieren

حيوانات

olifant

فيل

kangoeroe

كنغر

neushoorn

وحيد القرن

gorilla

غوريلا

beer

دب

kameel

جمل

struisvogel

نعامة

leeuw

سبع

aap

طنيطتا

flamingo

فلامونغوز

papegaai

بيروكي

ijsbeer

دب قطبي

pinguïn

بطريق

haai

سمك القرش

pauw

طاووس

slang

لفعة

krokodil

تمساح

dierenverzorger

عساس في حديقة الحيوان

zeehond

عجل البحر

jaguar

نمر أمريكي مرقط

pony

فرس قزم

luipaard

نمر

nijlpaard

فرس النهر

giraffe

زرافة

adelaar

نسر

wild zwijn

خلوف

vis

حوت

zeeschildpad

فكرون

walrus

حيوان فظ البحري

vos

ثعلب

gazelle

غزال

rugby
بالون اميريكا

wielrennen
الركبة تاع البيسكلت

tennis
تِنِيس

basketbal
باسكات

zwemmen
العوم

boksen
بوكس

ijshockey
هوكي

voetbal

بالون

badminton

الريشة الطائرة

atletiek

اتلاتيزم

handbal

الهوند

skiën

سكي

polo

بولو

activiteiten
نشطات

lachen
يضحك
springen
ينقز
knuffelen
يعنق
wandelen
يمشي
zingen
يغني
dromen
ينوم
bidden
يصلي
kussen
يبوس

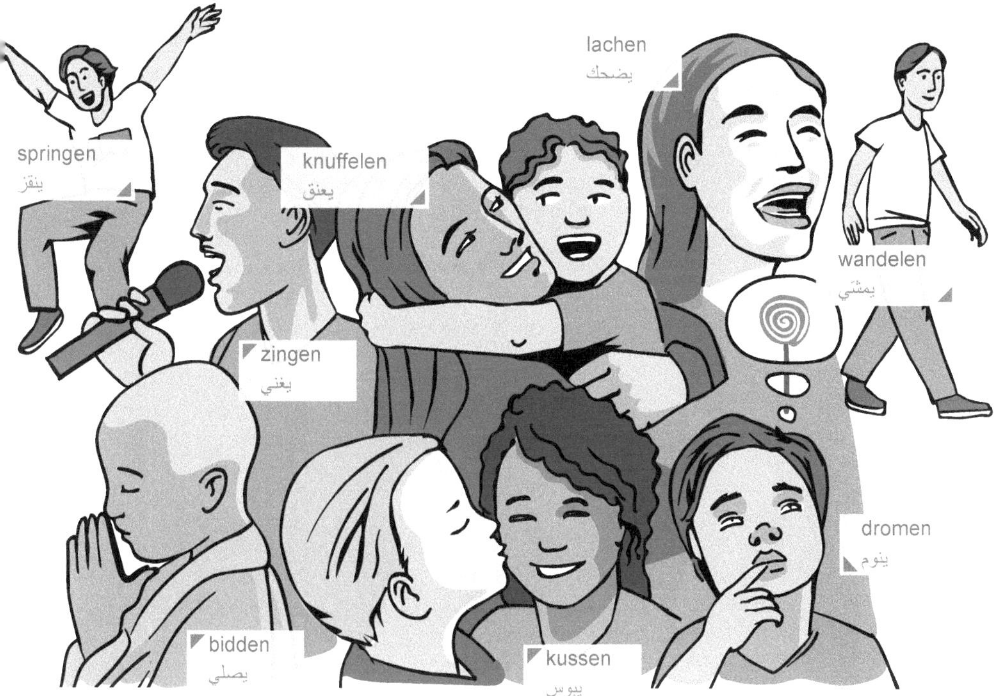

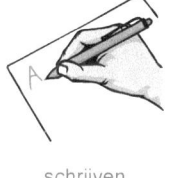

schrijven

يكتب

tekenen

يرسم

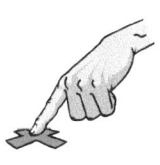

tonen

يوري

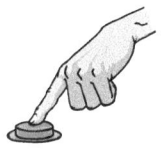

duwen

يدمر

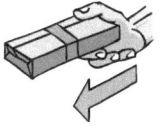

geven

يعطي

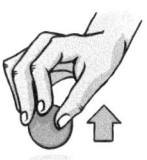

nemen

يدي

hebben

يملك

doen

يخدم

zijn

كاين

staan

يوقف

lopen

يجري

trekken

يجبد

gooien

يقيس / يرمي

vallen

يطيح

liggen

يتكسل

wachten

يِشوف

dragen

يرفد

zitten

يقعد

aankleden

يلبس

slapen

يرقد

ontwaken

ينوظ

kijken naar

يِشوف في

wenen

يِبكي

aaien

يحك

kammen

يمشّط

praten

يهدر

begrijpen

يِفهم

vragen

يِسقسي

luisteren

يِسمع

drinken

يِشرب

eten

ياكل

opruimen

يخمل

houden van

يِبغي

koken

يطيّب

rijden

يصوق

vliegen

يطير

zeilen

يبحر بالفلوكة

rekenen

يحسب

Lezen

يقرا

leren

يتعلم

werken

يخدم

trouwen

يتزوج

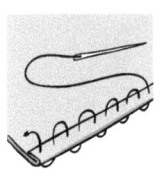

naaien

يخيط

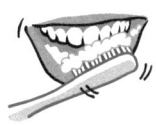

tandenpoetsen

يغسل سنانو

doden

يكتل

roken

يكمي

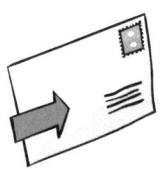

sturen

يرسل

familie
لعايلة

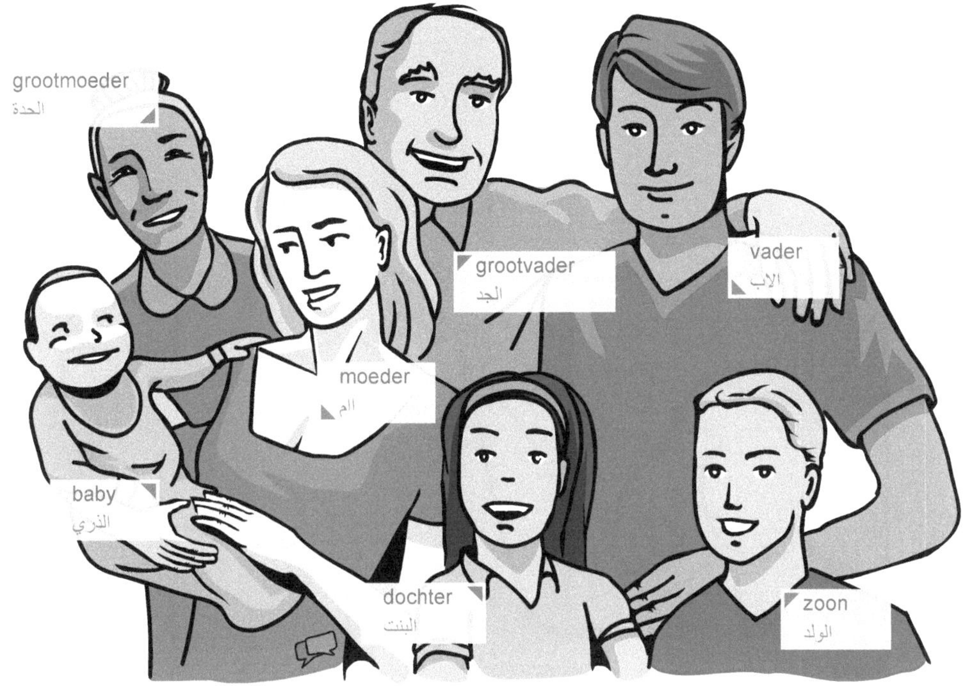
grootmoeder
الجدة
grootvader
الجد
vader
الاب
moeder
الام
baby
الذري
dochter
البنت
zoon
الولد

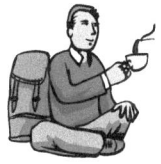

gast

ضيف

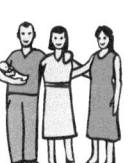

tante

العمة / الخالة

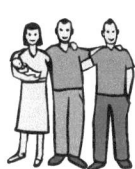

oom

العم / الخال

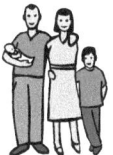

broer

الخو

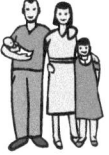

zus

الخت

lichaam

الجسم

voorhoofd
الجبهة
oog
العين
schouder
الكتف
vinger
صبع
gezicht
الوجه
kin
اللحية
hand
اليد
been
الساق
borst
الصدر
arm
الذراع

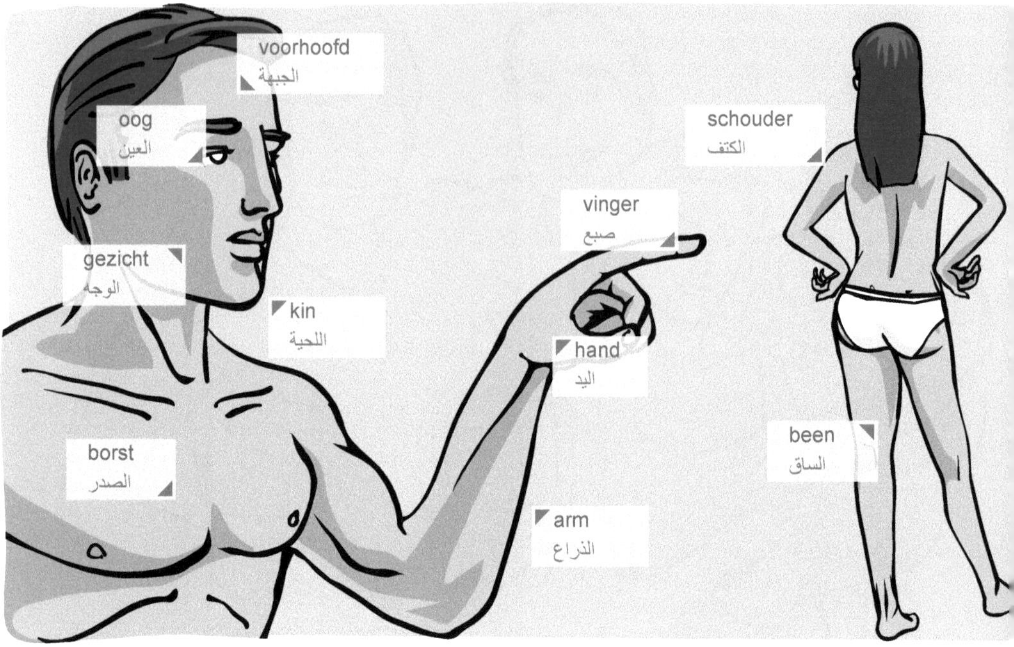

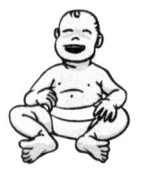

baby
الذري

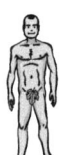

man
الراجل

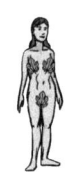

vrouw
المرا

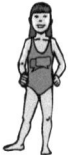

meisje
الشيرة، الطفلة

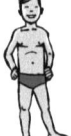

jongen
الشير

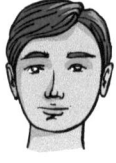

hoofd
الراس

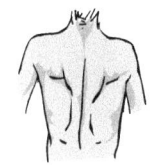

rug

ظهر

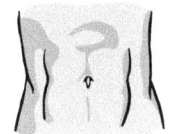

buik

الكرش

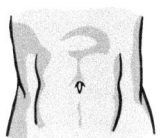

navel

السرة

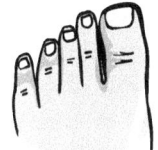

teen

صبع

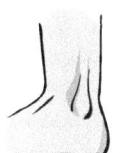

hiel

طالون

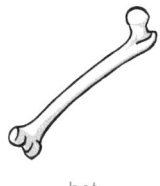

bot

العظم

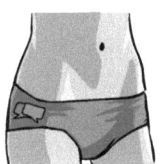

heup

المرادف

knie

الركبة

elleboog

لمرفع

neus

نيف

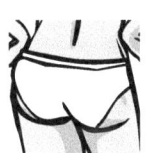

zitvlak

مصاصبط

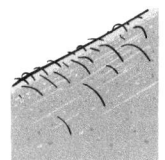

huid

البشرة

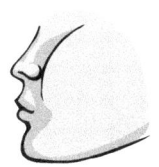

wang

الحنوك

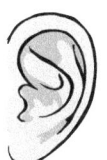

oor

لوذن

lip

شورب

mond

القم

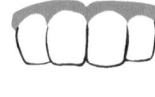

tand

السنة

tong

السان

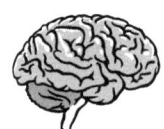

hersenen

الدماغ

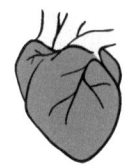

hart

القلب

spier

العضلة

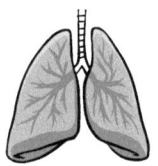

long

الرية

lever

الكبدة

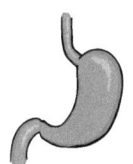

maag

لسطوما

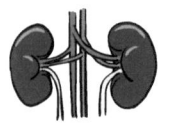

nieren

كلوى

seks

رابور

condoom

بريزارفتيف

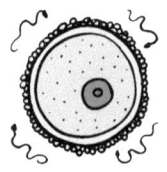

eicel

البويضة

sperma

سيرم

zwangerschap

بلكرش

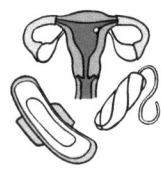

menstruatie

لغاريل

vagina

المهبل

penis

المذاكر

wenkbrauw

الحاجب

haar

الشعر

nek

رقبة

ziekenhuis
سبيطار

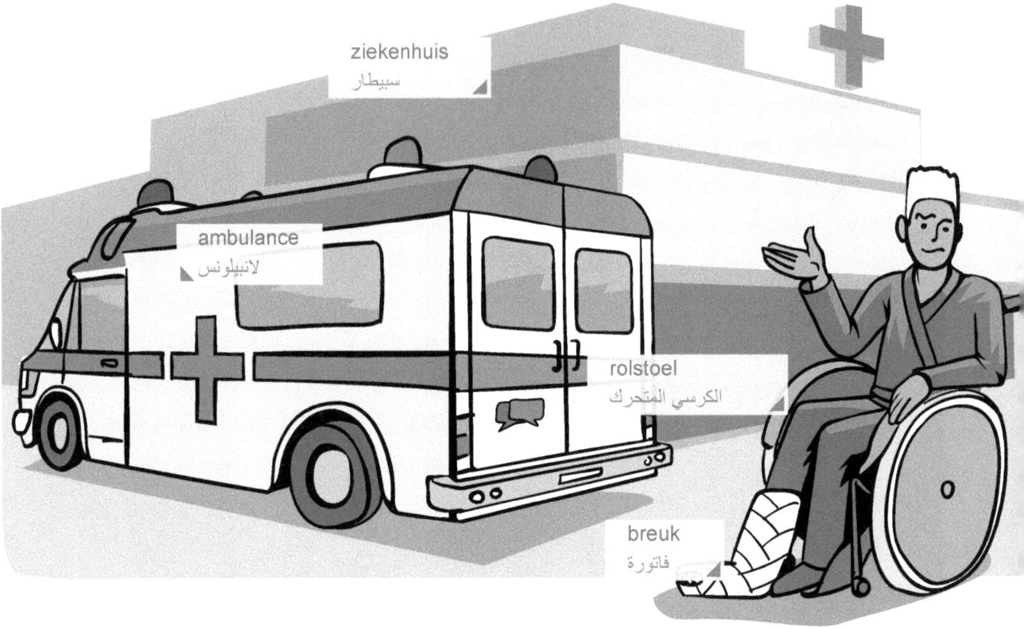

ziekenhuis
سبيطار
ambulance
لانبيلونس
rolstoel
الكرسي المتحرك
breuk
فاتورة

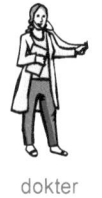

dokter
الطبيب

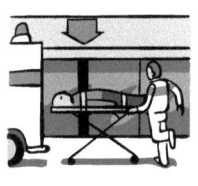

spoed
ليزيرجونس

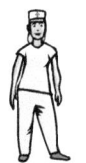

verpleegkundige
الممرضة

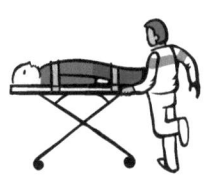

noodgeval
ليرجونس

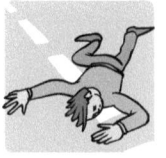

bewusteloos
تغاشى

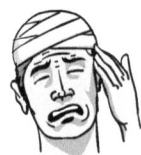

pijn
الوجع

verwonding

الجرح

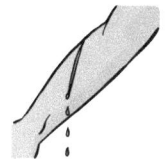

bloeding

يسيل الدم

hartaanval

القلب

beroerte

لافيسي

allergie

لالرجي

hoest

الكحة

koorts

الحمة

griep

لاقريب

diarree

الاسهال

hoofdpijn

ميغران

kanker

السرطان

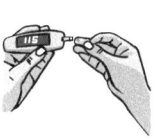

diabetes

السكر

chirurg

الجراح

scalpel

مبضع

operatie

عملية تاع القلب

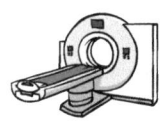

CT

لاسيتي

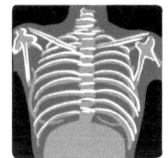

röntgenstraal

الراديو

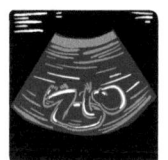

ultrageluid

لولتخازون

gezichtsmasker

لماسك

ziekte

المرض

wachtkamer

وين يقارعو

kruk

العكار

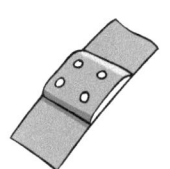

pleister

سكوتش

verband

ليانسما

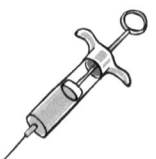

injectie

لبرة

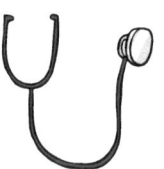

stethoscoop

السماعة تاع الطبيب

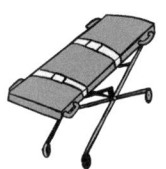

brancard

نقالة

thermometer

لوزنوبيه الحمة

geboorte

زيادة

overgewicht

السمونية

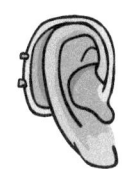

hoorapparaat

جهاز السمع

ontsmettingsmiddel

المعقم

infectie

لنفكسون

virus

الفيروس

HIV / AIDS

المبيدا

medicijn

الدوا

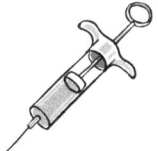

vaccinatie

الفاكسان

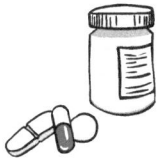

tabletten

الدوا حب

pil

بيلولة

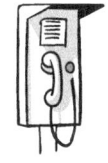

noodoproep

يعيط للنجدة

bloeddrukmeter

الجهاز لتقيسو بيه الدم

ziek / gezond

مريض / صحيح

Help!

سلكوني

alarm

لالارم

overval

يتعدا

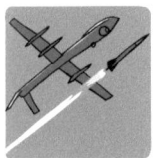

aanval

يهجم

gevaar

دونجي

nooduitgang

مخرج الطوارئ

Brand!

النار شاعلة

brandblusser

لكستانتور

ongeval

اكسيدون

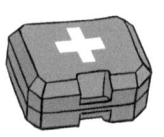

EHBO-kit

فيزة تاع الاسعاف الاولى

SOS

سلكونا

politie

لابوليس

Europa

أوروبا

Noord-Amerika

أمريكا الشمالية

Zuid-Amerika

أمريكا الجنوبية

Afrika

أفريقيا

Azië

أسيا

Australië

أستراليا

Atlantische Oceaan

المحيط الأطلسي

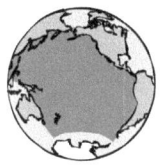

Stille Oceaan

المحيط الهادي

Indische Oceaan

المحيط الهندي

Antarctische Oceaan

المحيط المتجمد الجنوبي

Arctische Oceaan

المحيط المتجمد الشمالي

Noordpool

القطب الشمالي

Zuidpool

القطب الجنوبي

Antarctica

منطقة القطب الجنوبي

aarde

أرض

land

بلاد

zee

بحر

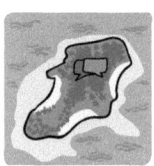

eiland

جزيرة

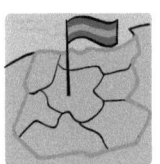

natie

امة

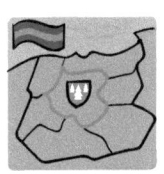

staat

دولة

wijzerplaat

ميناء الساعة

uurwijzer

عقرب الساعات

minuutwijzer

عقرب الدقائق

secondewijzer

عقرب الثواني

Hoe laat is het?

شعال راها الساعة؟

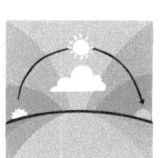

dag

يوم

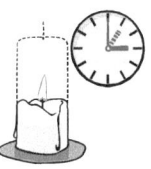

tijd

زمن

nu

دروك

digitale horloge

ساعة رقمية

minuut

دقيقة

uur

ساعة

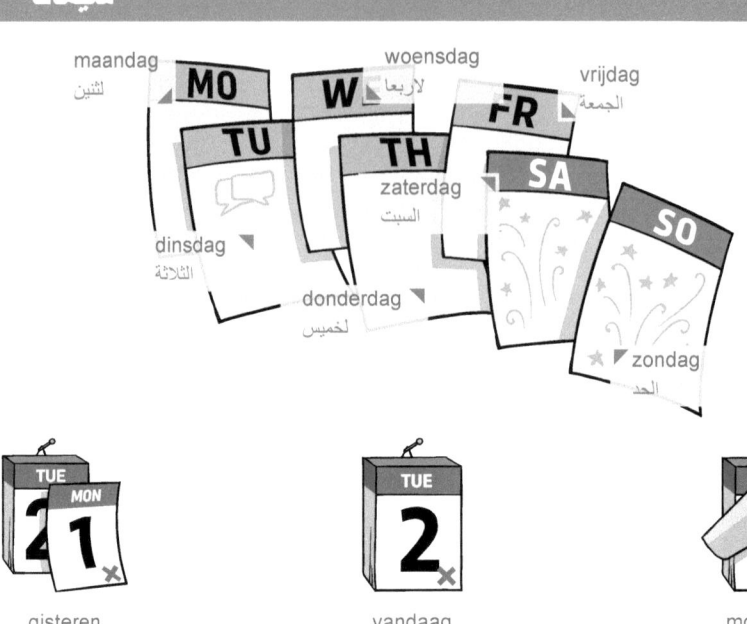

maandag
لثنين

woensdag
لاربعا

vrijdag
الجمعة

dinsdag
الثلاثة

donderdag
لخميس

zaterdag
السبت

zondag
الحد

gisteren

لبارح

vandaag

اليوم

morgen

غدوا

ochtend

صباح

middag

القايلة

avond

العشية

MO	TU	WE	TH	FR	SA	SU
1	2	3	4	5	6	7
8	9	10	11	12	13	14
15	16	17	18	19	20	21
22	23	24	25	26	27	28
29	30	31	1	2	3	4

werkdagen

يامات الخدمة

MO	TU	WE	TH	FR	SA	SU
1	2	3	4	5	6	7
8	9	10	11	12	13	14
15	16	17	18	19	20	21
22	23	24	25	26	27	28
29	30	31	1	2	3	4

weekend

ويكاند

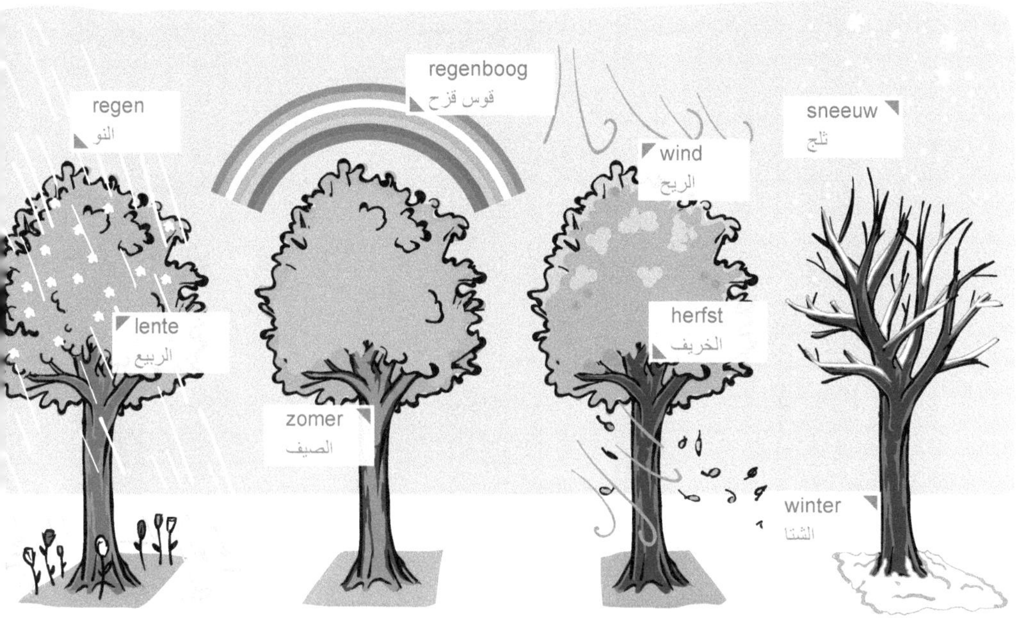

regen
النو

regenboog
قوس قزح

wind
الريح

sneeuw
ثلج

lente
الربيع

zomer
الصيف

herfst
الخريف

winter
الشتاء

4.APRIL	11°	☀
5.APRIL	4°	☁
6.APRIL	13°	☁
7.APRIL	8°	❄
8.APRIL	10°	☀

weervoorspelling

يتنبا بالحال

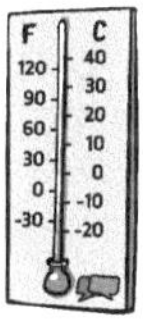

thermometer

مقياس حرارة

zonneschijn

ضوء الشمس

wolk

سحابة

mist

ضباب

vochtigheid

ميديتي

bliksem

....

برق

donder

....

رعد

storm

....

عاصفة

hagel

....

برد

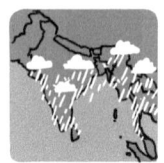

moesson

....

ريح

overstroming

....

طوفان

ijs

....

جليد

januari

....

جانفي

februari

....

فيفري

maart

....

مارس

april

....

افريل

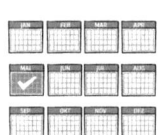

mei

....

ماي

juni

....

جوان

juli

....

جويلية

augustus

....

اوت

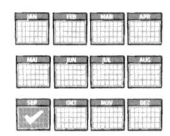

september

....

سبتمبر

oktober

....

اكتوبر

november

....

نوفمبر

december

....

ديسمبر

vormen

فورما

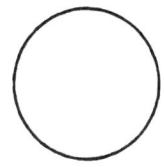

cirkel

....

دويرة

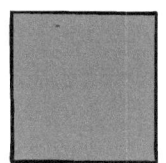

kwadraat

....

مربع

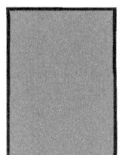

rechthoek

....

مستطيل

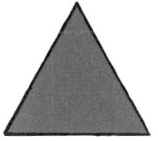

driehoek

....

مثلث

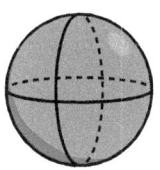

bol

....

كويرة

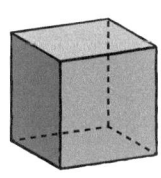

kubus

....

مكعب

wit

بيض

geel

صفر

oranje

نشيني

roze

روز

rood

حمر

paars

حلحالي

blauw

زرق

groen

خظر

bruin

قهوي

grijs

قري

zwart

كحل

veel / weinig

بزاف / ثوية

boos / kalm

زعفان / مكالمي

mooi / lelijk

شباب / مشي شباب

begin / einde

البدية / التالي

groot / klein

كبير / صغير

licht / donker

فاتح / فونسي

broer / zus

خو / خت

proper / vuil

نقي / موسخ

volledig / onvolledig

كامل / ناقص

dag / nacht

نهار / الليل

dood / levend

ميت / حي

breed / smal

عريض / ضيق

eetbaar / oneetbaar

يقدو ياكلوه / ميقدروش ياكلوه

kwaadaardig / vriendelijk

شرير / ناس ملاح

opgewonden / verveeld

يثير / يمل

dik / dun

سمين / رقيق

eerst / laatst

اللولا / التالية

vriend / vijand

الصاحب / لعدو

vol / leeg

معمر / فارغ

hard / zacht

قاصح / سويل

zwaar / licht

ثقيل / خفيف

honger / dorst

جوع / عطش

ziek / gezond

مريض / صحيح

illegaal / legaal

غير شرعي / شرعي

intelligent / dom

ذكي / مبوقل

links / rechts

يسار / يمين

dichtbij / veraf

قريب / بعيد

nieuw / gebruikt

جديد / مستعمل

niets / iets

مكاش / شوية

oud / jong

شيباني / شاب

aan / uit

يشعل / يطفى

open / dicht

محلول / مبلع

stil / luid

بشوية / بلقور

rijk / arm

مرفه / زوالي

juist / fout

نيشان / خاطئء

ruw / glad

حرش / رطب

droevig / blij

زعفان / فرحان

kort / lang

قصير / طويل

traag / snel

بشوية / بلخف

nat / droog

مشبخ / ناشف

warm / koud

حامي / بارد

oorlog / vrede

القيرة / لامان

0	**1**	**2**
nul	één	twee
صفر	واحد	زوج

3	**4**	**5**
drie	vier	vijf
ثلاثة	ربعة	خمسة

6	**7**	**8**
zes	zeven	acht
ستة	سبعة	ثمانية

9	**10**	**11**
negen	tien	elf
تسعة	عشرة	حداعش

12

twaalf

ثناعش

13

dertien

نلطاعش

14

veertien

رباطاعش

15

vijftien

خمسطاعش

16

zestien

سطاعش

17

zeventien

سبعطَعش

18

achtien

ثمنطاعش

19

negentien

تساعطاش

20

twintig

عثرون

100

honderd

مية

1.000

duizcnd

ألف

1.000.000

miljoen

مليون

Engels

انغلي

Amerikaans Engels

انغلي تاع مريكان

Chinees (Mandarijn)

لغة الشنوية

Hindi

الهندية

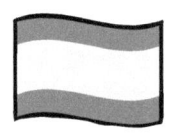

Spaans

سبنيولية

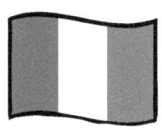

Frans

الفرونسي

Arabisch

العربية

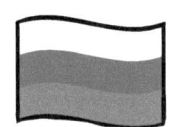

Russisch

الروسية

Portugees

البوتغالية

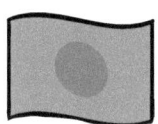

Bengali

البنغالية

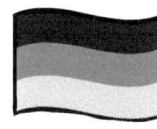

Duits

لالمنية

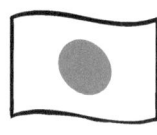

Japans

الجابونية

ik

انا

u

انتا

hij / zij / het

هو

wij

حنايا

u

نتوما

ze

هوما

wie?

شكون

wat?

واش

hoe?

كيفاش

waar?

وين

wanneer?

وقتاش

naam

الاسم

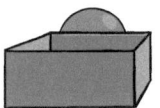

achter

مرول

in

في

voor

قدام

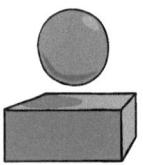

boven

فوق

op

على

onder

تحت

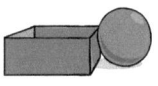

naast

حدا

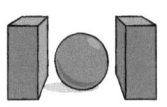

tussen

بين

plaats

بلاصة